안재진 시집

마음속 섬 하나

안재진 시집

마음속 섬 하나

초판인쇄 2018년 7월 19일
초판발행 2018년 8월 1일

지은이_ 안재진
발행인_ 이현자
발행처_ 도서출판 현자

등　록_ 제 2-1884호 (1994.12.26)
주　소_ 서울시 중구 수표로 50-1(을지로3가, 4층)
전　화_ (02) 2278-4239
팩　스_ (02) 2278-4286
E-mail_001hyunja@hanmail.net

값 10,000원

ISBN 978-89-94820-38-5　03810

이 도서의 국립중앙도서관 출판예정도서목록(CIP)은 서지정보유통지원시스템 홈페이지(http://seoji.nl.go.kr)와 국가자료공동목록시스템(http://www.nl.go.kr/kolisnet)에서 이용하실 수 있습니다. (CIP제어번호 : CIP2018022276)

안재진 시집

마음속 섬 하나

도서출판 현자

自序

차츰 세상사에 눈이 뜨이면서 은근히 가슴을 짓누르는 고민은 아름다움에 대한 관심이었다. 사람의 아름다움, 생명의 아름다움, 자연과 사물의 아름다움, 그 의미들을 생각하며 보다 격조 있는 인간, 보다 이상적인 세계를 향해 흐트러짐 없이 지고의 가치로 흘렀으면 하는 뜨거움이 있었다. 하지만 그런 생각을 담아야 할 그릇이 부족했던지 뜻대로 풀리지 않는 게 또한 나의 한계였다. 때문에 숨겨진 화두를 세상 밖으로 꺼내지 못하고 항상 자괴감에 가슴을 뜯어야 했다.

어쩌다 이런저런 곳으로부터 청고請稿를 받을 때가 있었다. 그때마다 작품이라고 전송하긴 했지만 과연 옳은 일인가를 의심하곤 했다. 적어도 사람이 발길을 옮길 때는 꼭히 다가서야 할 목적이 있어야 하고, 그 목적이 큰 길과 맞닿았을 때 비로소 아름다움이란 보람을 느낄 것이다. 그런데 제법 살만큼 살았는데도 아직 그런 성취감을 느끼지 못했으니 결국 내 인생은 허명 속에 놀아난 뒷골목 얼치기였는지 모른다.

사실 시집 《찻잔에 고인 하늘》을 출간한 후 스스로의 의문에 짓눌려 다시는 책을 펴지 않으리라 다짐한 바 있었다. 그러나 의식 속 어느 빈 틈에 실핏줄처럼 맹랑한 허욕이 있었던지 출판사의 권유를 사양하지 못하고 또 이렇게 일을 저지르게 된 것 같다. 무척 부끄럽다.

안재진

1부_ 내 봄날은

2부_ 마음속 섬 하나

3부_ 빗장

4부_ 하늘에 손짓한다

5부_ 꽃과 사람

1부

내 봄날은

내 봄날은

내 봄날을 앓아온 꽃잎이
하늘 속으로 하나둘 스며드는 길
일그러진 발자국이
거꾸로 매달려 햇빛에 말리는
서글픈 만장이 바람에 나부낀다

어지러운 머리
흐르지 않는 핏줄
언젠가 버려진 인자가
전연 알 수 없는 향방에 흐물흐물 문드러져
잠시 꽃으로 피었다 흩어지는 한낮에
뻐꾸기는 목 놓아 울었고
나도 따라 꽃잎으로 잦아진다

대신 가슴을 내어 줄 풀잎은 숨을 죽이고
나무가 잎을 털어 바람에 쌓이면
저만큼 다가서는 낯선 그림자
그렇게 어둠으로 쌓이고 쌓이면
내 봄날의 몸살은 어찌하리오

인생이란

세상에 행복이 어디 있다더냐
세상에 영광이 어디 있다더냐

지는 해를 보아라
그토록 찬란히 한 낮을 희롱한 광명도
붉은 피를 토하며 서산에 기울어
하늘과 땅, 사람과 세상사
모든 것이 어둠에 쌓여 검은 하나가 되는 것을

겨울이 오는 것을 보아라
세상을 움켜잡던 무성한 여름철 기세도
건들바람이 불면 핏기를 잃어
마침내 빈 가지로 바들거리며
다시 올 계절을 기다리는 것을

공혈처럼 텅 빈 육신
끝내 바람처럼 흩어질 감정
결국 내 것이라곤 아무것도 없는
한갓 먼지 같은 것이 인생일진데

내가 살아가는 길 위에
부끄럽지 않는 웃음으로 이어져
강물처럼 막힘 없이 맑게 흘렀으면……

세상엔 내 길 네 길이 따로 있지 않다
거룻배를 타고 강을 건너듯
인생이란 항로에 동행하는
벗겨지지 않는 외길 생명일 뿐이다

길

밤에도 깨어서 우는
강나루에 앉아
보이지 않는 세계를
더듬는다

무섭게 죄며
어둠을 태우던
여명은 눈을 떠
길을 넓히고

어깨를 출렁이는
강물은
제 갈 길 알아 어디론가
바쁘게 밀려가는 소리가 들린다

씨앗 내린 자리
천형처럼 주저앉은 나무들은
길게 목을 쳐들고
하늘 향해 세월을 쌓고

어느새 숨결 틔운
새 움은
계절 넘어 계절을
그리나 보다

세상에 얼굴 내민 존재는
어둠 속에서도 제 길을 읽고 있지만
내 빈방 문고리는
죽는 날까지 풀리지 않으려나

무덤 옆에서

산에는
하늘로 간 사람들이 살고 있었다

무덤 옆에 앉아
잊힐 것 같은 얼굴을 떠올린다

명징하지는 않지만 모습이 그려지고
심성이랑 행동거지가 또렷하다

나무와 풀벌레가 살아있으면서도
서로 말이 없는 것처럼
나는 말문이 막힌 채 그들의 마음을 더듬는다

먼 산등성이 넘어로 새들이 날아간다
가서는, 하늘 속으로 스며든다

새들은 내일 하늘을 빠져나와
또 이곳으로 올 것이다

이승에 이름을 남겨 두었기에
영혼은 날마다 천계를 넘나드는 것인가

그런데, 그런데
내가 찾는 사람은 어느 구름에 잦았을까

세상 넘어 세상

가슴이 허물어지는
더러운 피가
하늘 길을 막고 있는
젊은 날의 열병이
어지럽게 헝클어진 뒷길에
나뭇잎은 떨어지고
새들은 둥지를 떠났다

더는 나아갈 수 없는
도저히 인간이 될 수 없는 벽 앞에 묶여
산처럼 쌓인, 살면서 저질러 놓은
영혼의 쓰레기를 기억하며

문득 얼비치는 작은 불빛 같은
희미한 가상의 틈
허공에 뻗은 마지막 미로를 그려보며
세상 넘어 세상
나의 계절을 손짓하며 넌지시 미소를 짓는다

숲과 바람

바람이 불어
잠든 숲을 깨운다
비가 오는 날
하늘과 땅이 빗줄기를 타고
천부의 상합을 이루듯
바람과 숲은 한 허리로 어울려
신나는 축제를 벌인다

숲과 바람은 처음부터 생명과 영혼을 나눈 영원이었던가

숲이 없으면 바람의 떨림이 없고
바람이 없으면 숲의 떨림이 없는 것처럼
숲은 잎새를 흔들어 바람을 북돋우고
바람은 날개를 펴 숲을 넓히고
마치 이란성 쌍생아인 듯
숲과 바람은, 이렇게 사는 것이라고 넌지시 일러준다.

갈밭 밤 풍경

여름 해가 기울면서
잔뜩 머금은 핏빛 울음을
하늘 가득 뿌려놓고
서서히 어둠 속으로 스며든다

어둠은 그렇게 세상 문을 닫으면서
차마 버릴 수 없는 미련인 듯
어느 사이 별빛을 밝혀 하나 둘
살여울 갈대밭에 내려놓는다

잎새들은 손을 흔들어 바람을 불러 모으고
바람은 한 낮 엿들은 세상 얘기를 풀어놓으며
풍선처럼 뚱뚱해진 조각난 발자국을 밀봉하여
어제처럼 먼 허공에 묻는다

박제된 박물관 언어처럼
조각난 발자국은 비록 말문을 닫고 있지만
눈으로 말하고 가슴으로 깨달아
내일 또 해가 뜬다는 것을 믿는가 보다

아직 걸어보지 못한 길
아직 만나지 못한 사람
아직 사랑하지 못한 생명이 있어
아득한 비밀, 다시 맞을 내일을 기다리며
별들은 뼈 속 말씀을 앓고 있다

호계虎溪 마을

이렇게 잠 못 이루는 밤
먼 산사 종소리 같이
속으로 끓어오른 소리가
좁은 골목길을 사이에 두고
고만고만한 집들에서 새어나오는
호계마을, 고향을 생각한다
신라 사람들의 무릎뼈가 주저앉은
늘 푸른 청못
그 들녘에
자유를 갈망하는 함성처럼
평등을 염원하는 손짓처럼
평화를 기리는 깃발처럼
해마다 속을 채운 풀포기들의
수런거리는 소리가 들리고
활처럼 휘어 마을을 감고 흐르는 호계에
저마다 발을 뻗은 생명들이
또 다른 생명을 낳아
불빛은 불빛으로
어둠은 어둠으로

어느 것 하나 헛됨이 없이
결의처럼 전설을 일궈 온
아버지, 아버지의 땅
이렇게 잠 못 이루는 밤
바람이 불어 세상을 불러내듯
산이며 여울이며 등 넘어 소나무며
살아있는 모든 것
심지어, 죽은 것까지 우르르 몰려나와
잃어버린 얘기 밤늦도록 들려주는
호계마을 겨울밤 이야기

땅끝 마을에서

땅 끝이라 했는데 푸른 바다가 이어져 있더이다 땅 끝이라 했는데 아득한 하늘이 맞물려 있더이다

서로 등을 돌릴까봐 물결은 작은 틈새마저 메우려 종일 밀려왔다 물러나기를 반복하고, 지평선 먼 끝자락은 행여 떨어질까 조바심하듯 하늘과 산마루가 벌겋게 달아올라 밤이 오기를 기다리고 있더이다

어둠은 만유를 하나로 묶는 창세의 원기가 간간懇懇하게 품고 있는 천명이 있으니 끝은 어디에도 없더이다

여름철 왕성한 생명도 찬바람이 불면 모든 걸 내려놓고 죽음처럼 움츠려 떨고 있지만 어딘가 몰래 귀를 열어 봄이 오는 소리를 듣는가 보더이다

어둠이 모든 걸 집어삼킨 깊은 밤에도 풀벌레는 목놓아 울음을 토하며 동쪽 하늘이 밝아옴을 알리더이다

끝은 마지막이 아니라 새로운 세계, 미지의 시공을 찾아가는 거룩한 길로 눈을 뜨게 하는 출발의 원점임을 감지하게 하더이다

내 눈 감아 맞이하는 길, 푸른 창공에 자유와 평화가 봄 햇살처럼 출렁이는 곳에 한 마리 새가 되어 마음 닿는 데로 훨훨 날았으면 좋겠다는 생각을 합니다

춘천 가는 길

차창 밖으로 나를 따라 강물이 흐른다
산야도 흐르고
늦가을 붉은 햇살도 흐른다
언덕바지 줄지어 선 억새도
하아얀 손을 흔들며 함께 흐르고
계절도 흐르고
인생도 흐른다
세월 따라 어둠의 빗장을 푼 문명도 흐르고
우리들 가슴에 상처처럼 키워 온
욕망도 흐르고
세상 어느 것 하나 흐르지 않는 게 없는데,
젖은 목소리를 남기고 쓸쓸히 멀어져 간
온 몸으로 기억되는 그 마음은
어느 별에 머물고 있을까

여름밤의 환상

—교산 숲에서

틔울 수 없는 씨앗을 땅 속에 묻은 채
나무들은 긴 그림자로
동해 푸른 물결 속으로 스며든다
어둠은 서서히 숲 속을 덮고
대낮보다 밝은 마음의 광명은
감춰진 씨앗이 깨어나고 있다
교산蛟山의 허무에서 풀려난 영혼이다
홍길동의 검은 옷자락이 펄럭이는
끓어오르는 역사의 분노
살아있는 아비의 죄업을 짊어진 서얼庶孼, 그
다듬지 못한 목각들이
묶인 밧줄을 끊어 바깥으로 내달리고
평생 남의 손짓으로
뒷골목에 감금된 눈먼 군상들은
처음으로 외로움을 내려놓고
광야의 자유가 허용되는
환상의 축제를 벌인다
세월 속에 매몰되어 이 땅을 떠날 수 없었던 가련한 징벌
캄캄한 땅 속에 묻혀서도

날마다 두 팔 높이 쳐들고
잃어버린 이름을 부르는 발가벗은 생명의 눈빛을 생각하는
여름밤의 꿈
나는 그들의 노래 소리에 귀를 기울인다

*교산(蛟山)_ ①강릉 경포대 부근에 있는 작은 산 ②허균의 호

다랑밭 허수아비

핏빛 노을이
가슴 뜨거운 기억이듯
어둠에 쌓여
느린 걸음으로 숲속에 숨어들고
휑한 바람소리가
쓸쓸하게 허공을 긁고 있는 비탈길

시공은 그대로 멈추어 있건만
생명은 또 한 번 어디론가 돌아서려는지
다시는 풀 수 없는
살아서 찢어진 상처를
온몸으로 끌어안고
푸름을 거둬간 다랑밭

외롭게 두 팔 벌리고 서 있는
허수아비가
심술처럼 슬그머니 사람으로 환치된다

여의도 꽃길

세상 밖 말씀이
별 빛으로 내려앉아
망울망울 터뜨린
그대, 새하얀 웃음은
어느 별의 이야긴가

봄을 들어 올리느라
어린 몸을 뒤틀고 있는
연두 빛 싹들 위로
꽃잎은 흩날리고
새들은 가지 사이를 숨어 날며
연신 원색 노래를 부르고 있구나

이렇게, 보이지 않는 능력으로
물상의 생명이 빚어지며
하늘 길은 열려 있는데
기억할 수 없는 새벽, 나는
너무 먼 길을 걷고 있구나

월정리 역에서

경원선 철길이 끊어진 곳
서울에서 원산으로
원산에서 서울로
바쁘게 내달리던 민족의 핏줄이
문화의 호흡이
생명의 촉각이
허리 꺾인 상처로
핏빛 울음을 머금은 채
긴 세월 함몰된 곳

산새 몇 마리 빈 철길을 맴돈다
뜨거운 미래의 울림을 기다리는
씻김굿의 날개 짓인가
닫힌 길을 열어
먼 세상의 영혼을 불러들이듯
마음의 장벽을 허물고
기억 속 찢어진 아픔을 걷어내어
손 내밀어 소통하고
동질의 가치를 찾으려는

간절한 주문인지 새들은 연신 조잘거린다

그런데
사람이 보이지 않는다
이 여름 차갑게 버려진 땅
언제쯤, 그 옛날 흥청이던
막힌 길이 뚫릴까

바닷가에서

기다리는 사람도
떠나가는 사람도 보이지 않는
황량한 모래 벌
나는 나를 따르는 그림자와
태초의 발자국을 찍으며 걷는다

바람은 연신 빈손을 흔들어
소매 사이를 짓찧고는 마지막 영혼까지 뽑아
텅 빈 가슴을 비집고
나무 그림자가 길게 드러눕는다

형체를 알 수 없는 자유
저마다 주인이라는 견고한 신념
그 막막한 어둠 속 포박에
바다는 제 몸을 사르며
파도는 파도를 일으켜
하늘을 울리지만

끝내 길은 열리지 않고

무수한 시간들이 쌓여
죽어서 아무 것도 될 수 없는
정지된 벌판 위로 차츰
노을이 깔리고
나와 그림자는 그 속에 묻혀
작은 모래알이 된다

풀잎은 머리를 내밀어

아프게 머리를 내밀어
바람에 흔들리는구나
무슨 약속이 있었기에
다시 살아야 할 까닭이 있었기에
멀잖아 주저앉을 세월 위에
또 다리를 뻗으려 하는가

돌아보면 알만한 것을
이름 가진 게 아픔이었고
다른 생각을 한 게 아픔이었고
빛 따라 발길 옮긴 것이 아픔이었던 것을
그 아픔을 가슴으로 삭히며
지루한 밤을 헤매는 것이 삶이었던 것을

2부

마음속 섬 하나

다만 슬플 뿐이다

생명 그리고 운명

마음속 섬 하나

풀밭에 앉아

길은 열려 있는데

강물은 흐르면서 말한다

강 언덕에 앉으면

강물의 숨소리

가을비 뿌리는 밤

길 찾아 어둠을 헤맨다

돌과 겨울비

눈 내리는 밤

부끄러운 시대 역사의 낭인

뒷모습

다만 슬플 뿐이다

별이 뚝뚝 떨어져
강바닥에 잠긴다
물속에서도 죽지 않는 빛

임종 때 가슴에 담은
아버지의 여윈 말씀이
물소리에 얹히어
또 다른 별을 부르고 있다

생명에는 죽음이란 게 없는가 보다
다시 나타난다는 믿음
다만, 돌아서면 아따금 쓸쓸하고
슬플 뿐이다

생명 그리고 운명

별이 긴 그림자를 남기며
흔적 없이 쓰러지는
땅 끝 마을
모래바람이 몰아치는
어둠 속에 몰래 떨어진 씨앗 하나
어쩌다 핏줄이 돌았으나
생명은 더러운 운명에 쌓여
갈 길이 막히고
손을 내밀어도 문은 닫혀있고
숨통을 조여 오는 조름은
뿌옇게 눈을 가린다
세상에 태어나기 전에도
오늘 같이 시원의 밤을 숨죽이며
유리창에 성애로 그림을 그렸으니
세월은 끊어짐이 없고
세상은 여전히 굴러가고 있어
어딘가 가물거리는 빛 하나
다시 눈을 뜨고
날마다 칼을 갈지만

풀잎도 자를 수 없는 내면의 울음이 끝내
속으로 키워 온 간절한 욕망만
난도질당하며
늦가을 풀잎처럼 쓰러지는 자존 앞에
임종을 못질하는 마지막 소리를 듣는다
생명은 처음부터 운명적 아픔이었던가

마음속 섬 하나

내 마음 깊은 곳에
섬 하나 있다

어느 먼 해역
보이는 것이라곤 아득한 물결
그 허공에 내가 앉아있다

나무 한 그루 보이지 않는 풀밭에
긴 밤을 적신 이슬방울이
햇빛을 받아 영롱한 가슴에
사람과 들풀, 짐승과 꽃이
조심스레 그 속에 스며든다

영원과 맞닿은
세상 밖 주관자와 연결하는
신성의 공명空冥인가

모든 사물이 하나로 어울리고
더러는 세상 얘기를 잊은 듯

침묵 속 언어를 주고받으며
눈웃음으로 손뼉 치는

마음속 섬에는
날마다
하늘 한 자락 드리워
별을 쏟아놓는다

풀밭에 앉아

햇살이
마른 풀밭을 더듬어
생명이 눈을 뜨는
어기찬 숨소리가 들린다

긴 세월
깊숙한 연못 가녀린 수초에 의지해
아픔으로 기다린 은밀한 인고가
한 마리 잠자리로
창공의 자유를 유희하듯
꽁꽁 얼어붙은 지층 속 작은 씨앗이
외롭게 가슴을 헐어
연둣빛 움으로 일어서는 지고한 힘
그 보이지 않는 가슴에 품었을
거룩한 자유의 함성을 듣는다

살면서 잊었던
태초에 심어 놓은 불빛을
바람이 꽃잎을 건너뛰듯

무심히 지나쳐 잃어버린
우리들의 고귀한 이상은
지금 어디쯤 서 있을까
상처처럼 시린 영혼이
운명처럼 손끝에서 떨어진 아픔을 모아
순결한 꽃으로 바꾸어 곱게 다듬었으면 좋겠다

길은 열려 있는데

뒤뜰 감나무에
가을이 발갛게 익었다
이른 봄부터 긴 여름
무겁게 짊어진
생의 숨소리를
내려놓으려나 보다

까치 몇 마리 나무 끝에 머물다
멀리 날아간다
아직은 아니었는지
가질 때와 멈출 때를 가리는
자연의 순화, 멀어져가는 날갯짓이
푸른 하늘에 쌓인다

길은 열려 있는데
내 안에 서성거리는 어둠은……

강물은 흐르면서 말한다

어느 산자락
천년의 무게를 뚫고 새어나온
작은 물줄기가
흐르면서 가슴을 넓혀
길을 만들고
생명을 포태하고 키우는
거룩한 역사를 거듭하였으니, 이는
신성의 눈물이요 혈한血汗이어라

사람 사는 이치도
다르지 않다고, 강물은
흐르면서 말한다

강 언덕에 앉으면

강 언덕 풀밭에 앉으면
어머니의 목소리가 들린다

강물이 흘러
천년을 닳아 온 돌자갈을 스칠 때
춤을 추듯 번지는 물살의 파장
달빛에 몸을 숨긴
어머니의 하얀 웃음이 보인다

늦가을 바쁜 걸음으로
바람이 가슴을 풀어헤치면
풀잎은 살을 부비며
멀어진 그림자에 손을 흔들고 있다
너를 위한 운명
죽어도 좋다는 어머니의 손짓이었다

흐르는 물소리는 귓속말로
먼 하늘을 끌어당기고
허공으로 날아오른 새들의 날갯짓은

자유롭게 유영하는 어머니의 마음에 연통하는
비밀의 에움길인가

그래, 그래 길 조심하고
오냐, 오냐 끼니 거르지 말고
한 번도 듣지 못한
좀처럼 기억되지 않는 꿈속 울림을
강 언덕 풀밭에서 듣는다

강물의 숨소리

여울목에 앉아
강물의 숨소리를 듣는다

육중한 지층을 비집고
암흑에서 깨어 나온
생명의 근원이 낮은 길에서

서로 다른 몸짓과 살을 섞으며
영혼이 융해되고
광야를 가로질러
아득한 미지의 길을 열어가니

새들은 이 나무 저 나무로 옮겨 다니며
살아 있음을 기뻐하고
숲속에선 짐승들의
살 부비는 소리가 들린다

그렇게 어둠 속에 존재를 숨겨
몰래 하늘을 끌어내리고 땅을 들어 올려

조금씩 꿈을 쌓아가는
이승의 눈빛을 짐작한다

생각할 줄 알기에 행복을 원했고
이를 알면서도 깨닫지 못하는 나는
아직도 눈먼 벙어리가 되어
강물의 깊은 속내를 읽지 못한다

가을비 뿌리는 밤

창밖엔 가을비가 뿌리고
어둠은 더욱 깊어가는 밤
두어 평 남짓한 침실엔
이제 아무것도 없다

한동안 내 것이라
꿈으로 키워 온 모든 것들이
오래된 곰팡이로 검게 어지러울 뿐

대신
개꿈 같은 상념들이
찌그러진 언어로
풍선처럼 부풀어 올라
곧 터질 것 같은
무상의 공허감에 눈이 감기며

사랑이 무용無用인데도
사랑을 말하고
기쁨과 슬픔을 분별할 수 없으면서도

눈물과 웃음으로 갈라놓은
조금은 알 것 같으면서도
의식이 지워지는 울음이어라

저만큼
어둠 속에
언제나 목을 죄던
흐릿한 길만 보일 뿐
인간 아닌 인간의 얽매인 길은
풀리지 않는다

길 찾아 어둠을 헤맨다

어머니의 고통에서
인간의 역사가 시원이라나
그것만이 아니다
하늘이 어떻게 열렸으며
땅은 어떻게 숨을 쉬게 되었는가
바람의 인자因子는 무엇이며
물의 근원根源은 무엇이고
산의 생명은 무엇인지 아무도 모른다
더러는 그럴싸한 해답을 내놓지만
우리가 신성의 내력을 모르는 것처럼
세상 이치를 알지 못한다
하지만
세상사에는 길이 있듯
미급未及에도 길이 있고
걸어 갈 세상에도 길은 있다
인생은 길을 찾는 혼미의 연속이다
나는 내가 원하는 길,
그 길을 찾으려
날마다 허공을 헤맨다

돌과 겨울비

돌이 돌로 보였을 때
사람은 사람이었다

돌이
돌 아닌 빛으로 보였을 때
사람의 발톱은 자라
피를 머금은
짐승이 되었다

영혼은 허공 속에 맴돌고
허명으로 살이 찐
분간할 수 없는
사람과 짐승

마음 씀에 칼질당한
찢긴 종이 장처럼
돌의 아픔이
겨울비로 뿌린다

눈 내리는 밤

못 잊어 가슴 아파했던
그 사람 발자국 소린가
헤진 걸레처럼 너절한 그림자
그 허상을 낙엽이 지듯 세월 속에 묻고
창문을 열어젖힌다

창생의 그 밤 아득한 말씀처럼
은총으로 가득한
하아얀 눈발이 눈부시다

애당초 약속 없는 거리를 허청이며
제 얼굴에 침을 뱉던 발걸음은
어디론가 숨어들었고
새들도 마른 풀잎도 보이지 않는다
모두 어다론가 떠나고
도도한 성역 흰 입김만 나부낀다

여러 해 전 심었던 소나무도
육신을 풀어 손닿지 않는 절벽을 절망하듯

흰 베레모를 쓰고
우두커니 멈춰서 있다

암묵의 씨앗이
그 눈빛 속에 또 다른
자신의 세계에
결코 저버릴 수 없는
푸른 손을 내미는 영겁을 말한다

숨죽인 눈발은 그 누구의 자유인가
끊임없이 춤을 춘다

부끄러운 시대 역사의 낭인

— 금강산에서

하늘이 열리던 날
검은 구름이 덮치며
장대 같은 비가 쏟아지고
뇌성병력은 지축을 흔들어
육중한 바위마다 금을 그으니
틈새마다 바람은 생명을 불어넣어
관절마다 웃고 있는 만물상 푸른 기운이
하늘의 숨소리로 전해졌던가
세상에 열리지 않는 문이 어디 있던가
나는 온몸으로 문고리를 잡아당겼지만
꺾인 허리는 펴지 못하고
눈물로, 분노로 가슴 뜯으며
긴 세월 얼굴 들지 못한 부끄러움에
죄 없는 허공에 욕을 퍼붓던
고단한 깃발을 어찌하랴

꿈속 아득하게 뻗은
광야의 길은 여전히 가슴에서 닫히고
어딘지 알 수 없는 먼 바닷길을 둘러둘러

구룡포 오르는 풍악 등줄기에 앉아
무언가 채우지 못한 허기로 가슴을 치며
부끄러운 시대 역사의 낭인으로
모질게 눈이 감겨 세월에 암매장한
이 죄 어떻게 풀어지랴
이 눈물 무엇으로 거두랴

뒷모습

계절이 들썩이는 오후
창틈으로 스며드는
떨리는 바람소리에, 나는
나를 죄고 있는 눈길 넘어
수유리 산길을 걷는다
멀리 산정에서 붉어진 꽃물이
숨을 할딱이는 노을빛과 어울려
산 아래 마을까지 내려오니
계절은 갈 길이 바쁜 모양이다
해마다 가을은 이렇듯 다가와 멀어지고
지난주엔 외종형外從兄이 눈을 감았다
어쩌면 돌아서는 뒷모습이
저리도 아름다울까
눈을 뜨고 사랑하는 일보다
눈을 감고 손을 잡는 눈물이
더 아름다운 건 다시 만난다는 기다림 같은
세상 밖 새벽문의 비밀을 알기 때문일까

3부

빗장

시詩를 쓴다는 건

시는 사랑이다

사랑은 아픈 것이다

아름다운 영혼의 숲
가을 햇살처럼 완숙을 속삭이는 언어가
시라면, 이성이 어둠 속에 갇혀
달콤한 기쁨과 쾌락으로
침묵 속에 움실대는 슬픔과 후회가
사랑이다
시는 사랑 속에 숨은
광증과 고통을 숨죽이게 하는
신기神奇가 은류隱流할 때 비로소
빛을 얻는 하늘의 말씀이 된다

빗장

고향집을 찾았다
물살에 떠밀린 조개껍질처럼
잔뜩 웅크린 모습은
영락없이 죽은 몰골이다

대문을 열고 들어서니
어느 사이 나무들이 두 팔을 흔들고
꽃들은 웃는다
처마 끝을 맴돌던 바람도
옷자락을 털며 나풀거리고
댓돌 위 초여름 햇살도 졸음을 깨우며
나무 그늘을 지운다
숨 막힌 모든 것들이
일제히 가슴을 펴
닫힌 말을 쏟아놓는다

내 가슴에 빗장이 있었던가
잠겼을 땐 모든 것들이 슬픔을 머금어
죽음처럼 굳어 있었고

풀렸을 때는 가득한 기쁨으로
저마다 살아 손짓하니
삶과 죽음
기쁨과 슬픔
선과 악이 내 안에서 재단하는 요신妖神으로
불명의 칼날, 명암을 휘젓는 망령이련가

사랑과 눈물

깊은 산 돌 틈
작은 물줄기가
강을 이루듯
가슴에
눈물을 담고 있는 사람이
사랑할 줄 아는
넓은 길을
아는 사람이다

달빛

어둠이 덮고 있는
계곡 웅덩이

달빛이 내려앉아
산 밖으로 물을 퍼내며
몸을 떨고 있다

세상 몸담기가
못내 두려운가 보다

산다는 건 1

산다는 건
너절한 개꿈이다

사랑을 말하고
행복을 기다리고
희망을 꿈꾸며
다음 세상까지 미련을 두지만
눈을 뜨면
외다리 허수아비가
빈 들녘을 지키는 허상인 것을
그래서 산다는 건
너절한 개꿈이다

산다는 건 2

산다는 건
어둠에서 어둠으로 가는
작은 간이역의 휴식이다

늙은 역무원이 짠 듯한
허름한 나무의자에 앉아
넌지시 눈을 뜨면
끝 간데없이 이어진
나의 하늘과 땅이 아득히 이어지고
어쩌다 바람이 불어 땅이 굼틀거리면
영원의 정령이 가슴을 펴
숲과 짐승을 키우고
사람과 생명을 깨우니
누구는 기쁨을 얘기하고
누구는 슬픔으로 울먹인다

어둠 속에 이어진 삶의 빈틈에서
잠깐 따뜻한 햇살이 깃들면
풀씨가 눈을 떠 꽃을 피우니

충만과 평화가 넘실거리고, 다시
이글거리는 불볕 가슴에
흠뻑 비를 머금게 되면
빈 땅마다 제 자리를 잡아
생명을 부풀리는 존재의 역동으로
평등과 자유가 두 팔 쳐들어 감격하리라
산 빛이 붉게 타오르면
단물로 가득한 알찬 물결이
온몸을 파고들어
살아있음을 기뻐하며
은혜와 행복을 깨닫게 하고
풀잎이 모로 쓰러지며
문풍지가 아프게 떨릴 때는
조용히 문을 닫아걸고
죽음의 의미를 생각게 하는 여백의 눈짓이려니
그래도
다가설 수 없는 얘기를 남기며
어딘가 끝닿는 데로 밀리는 게
삶인 것을

한낮을 붉히던 뜨거운 햇살도
산 너머로 머리를 숙이며 눈을 감으면
조용히 몸을 감추는 것이
인생인 것을
간이역에 기적이 울리고
마지막 열차가 긴 꼬리를 흔들며
멀리 빠져나가면
나무의자는 전에처럼 비어
어둠에 싸일 것이다

사람의 뜰에는

사람의 뜰에는
언제나 핏물이 고여 있다

창조주는 자신의 모습으로
인간을 조물하였고
생각하고 행동하는 자유는
인간 스스로 자결自決케 하였으니

창조주의 착각인가
사람의 죄업인가

길은 뜻이 있어 하나인데
큰길을 벗어나
홀연히 사잇길을 넘나들다
어느 사이 길은 끊어지고
끊어진 자국, 사람의 뜰에는
서러운 핏물이 고여 있다

떠오르지 않는 풍선

시청 앞 잔디 광장엔
날마다 날마다
검은 풍선이 부풀어 오르고 있다
빛인지 어둠인지 분간할 수 없는 것이
술처럼 끓어올라
나를 불태운 바람으로 밀어 올려도
풍선은 떠오르지 않는다

광장엔 어제처럼 어둠이 깃들어
저마다 어디론가 몸을 숨기고
할 말이 많은 몇몇은 여전히
날지 못한 억한에 묶여
밤새 우는 매미 소리로 가슴을 헐어
어둠을 껴안고 풍선을 날린다

반역의 피

아득한 그 날
어드맨가 하늘이 가슴을 펴
신의 그림에서 풀려난 포자가
당신의 모습을 닮은
사람의 형체를 빚으시니
그때부터 인간의 존엄과 권능을
끊임없이 가꾸고 사랑하였어라
어느 누구도 소외되거나 편견 없는 세상
자유와 평화가 물결처럼 넘치는 세상
생존을 위협받지 않는 행복한 세상
눈을 감아도 살아있음을 기뻐하는 세상
그런 세상이
신의 의지에서
우주의 섭리에서
인간의 소망에서
꽃으로 피어나기를
온몸으로 울어 기도하였는데
시대를 책임질 것들이
미래를 열어야 할 것들이

역사 앞에 겸허해야 할 것들이
눈먼 쭉정이가 되어
몰래 단물만 빨아 제 속만 채우는
금단의 길을 걷고 있으니
사람의 길이 허물어지고
진리의 나침판이 흔들리니
저 반역의 피를
어찌하랴
어찌하랴

그런 세상

가을이 익어가는 계절
푸른 하늘 한 자락 뜯어
길이 막히지 않는 무한에
세월과 영혼, 사랑과 진실
강물처럼 이어지는 영원을 섞어
마음보다 넓은 자리를 펴
영광을 불러들이고
아름다운 꿈을 쏟아 넣고
인간과 생명, 자연과 인간이
불꽃처럼 조화를 이루며
사람은 사람답게
짐승은 짐승답게
숲은 숲답게
자유로운 자기 길을 다듬어
별처럼 빛을 밝히는
그런 세상 누릴 수 있었으면

발가벗은 모습이 보인다

가는 빗방울이 산야를 적신다. 숲이 젖어들고 다랑밭 붉은 수숫대가 젖어든다. 빗소리는 적막한 산 속 침묵과 맞물려 더욱 쓸쓸하게 계절을 끌고 간다. 사방 가득한 단풍으로 낯선 세상을 이루고 있는 계곡 끝자락 슬레이트 집에 들렀다. 손바닥만 한 밀창문 밖으로 잊혀 질 계절을 슬퍼하는 풀벌레 울음소리가 간간히 들린다. 가을 풍경이 아름답다며 한번 다녀가라는 지인은 산 속 어디쯤인가 신묘한 풀뿌리를 찾느라 더듬거리는지 좀처럼 나타나지 않는다. 어느 사이 비는 걷히고 구름을 밀쳐낸 햇살이 눈부시게 쏟아지더니 땅에서는 희뿌연 안개가 피어오른다. 안개는 산허리를 타고 느린 걸음으로 정수리에 이르더니 나중엔 빈 하늘을 채운다. 죽어서 육신은 빗물처럼 땅속에 스며들고, 영혼은 안개처럼 아득히 높은 곳, 미지의 세계로 승천할 것이라는 가상을 자연에서 유추하고 사람 사는 도리를 찾았던 것일까. 갑자기 눈이 감겨진다. 꿈속에서 어른거리는 풍경처럼 안개 속에 내 발가벗은 모습이 보인다.

새는 날아가다

마당 구석을 헤매던
새 한 마리
날개를 퍼덕이며 허공으로 치솟는다
먹이를 찾았지만
더는 기대할 게 없다는 걸
알아차린 모양이다

이미 먼 그날에
빼앗길 건 빼앗기고
버릴 건 버렸으니
허무 말곤 있을 게 없다는 뜻일까
새대가리치곤 무척 영리하다
나는 새가 털고 간 어둠을 껴안고
미완의 공허 목마른 영혼이 떨고 있는
새의 발자국에 하나하나 못질을 한다

자국마다 메마른 울음,
그 울음이 잠에서 깨어나는 날
지층은 흔들리고

붉은 꽃잎이 달아올라
어둠을 젖히며
빛으로 뻗어나는 엄숙한 길이다
새는 언제 돌아오려나

새와 부처와 사람

남산 오르는 길 중턱 쯤 바위에 금을 쪼아 형상을 이룬 사람이 웃고 있다. 아니, 사람의 미소가 아니라 사람이 닮고 싶은 시계 밖 먼 자리에 계시는 분이다. 새 한 마리 그 위에 앉았다 인기척에 놀란 듯 허허로운 공간으로 날아오른다. 세상 이치가 놀랍다. 새는 사람이 무서워 자리를 뜨고, 사람은 말 한마디 없는 조형 앞에 깊이 감추고 산 죄까지 털어놓으며 참회를 하는데 어쩌자고 새는 신성의 머리 위에 앉아 오줌을 갈기며 희롱하는가. 바람이 시공을 가리지 않고 우주의 길을 열어가는 것처럼 새도 부처도 사람도 바람인가 보다. 비록 서로 다른 옷을 입고 있을지언정 생명을 거룩하게 받드는 근원은 다르지 않아 서로 의지하거나 돌아서며 바람처럼 자유롭게 우주 속의 존재 의미를 추스르는 게 삶의 뜻이었든가

오늘따라 부처님의 미소가 유난히 가슴을 뜨겁게 하고 어디론가 날아간 새의 주소도 궁금하다. 내가 앉아있는 자리도 미심쩍고.

바람은 빈집을 돌아

바람이 불면
종일 발돋움 한 미루나무가
그리움 같은 흔들림으로
언덕을 지키고
두엄자리 박덩굴은 옆으로만 기어
서럽게 비추는 달빛을 품어
추억 속 영상이듯 하얀 꽃 피우는 곳
그곳에 묻어 둔 애틋한 얼굴들은
가난해서 등 돌리고
사랑 찾아 떠나고
외로워서 무너지고
죽어서 잊혀지고
그렇게, 그렇게 계절이 닫힌
검은 골목길엔
누워 있어도 편치 않은 잔기침 소리
어둠은 짙게 깔리고
가슴에서 뚫린 바람은
빈집을 돌며 날마다 쉬어 간다

한탄강 언덕에서

누가 칼질한 핏자국인가
먼 세월 저편의 분노가
씻지 못할 경계를 이룬 한탄강 등뼈 아래
눈물 같은 강물이 목 놓아 흐른다

누구도 쓰다듬지 못할 속으로만 끓인
검버섯 살점이 뚝뚝 떨어지고
푸른 이끼로 아픔을 감춘 어딘가에
몰래 스며든 새 떼가
사람의 믿음이 불안했던지
날개를 털며 먼 곳으로 날아간다

꽁지에 매달린 연안 풀밭
하얗게 목을 빼 무엇을 기다리는 망초꽃
강물은 흘러 임진강에 엉키고
그대로 한 몸이 되어 바다로 향하는 그곳
발길 닿지 못할 경계 밖 어디쯤엔
꼭 같은 망초꽃이 피어 있겠지

하늘은 금간데 없이 푸른 가슴으로
눈에 보이는 모든 생명을 품고
바람은 시공을 넘어 꽃잎을 어루만지며
보이지 않는 소식을 실어 나르는데

시계 가득 밀려드는 숲속
사람이길 슬퍼하는 고단한 얼굴들은
서로를 그리워하며 감긴 눈으로
길 없는 길을 걸어 어둠 속에 잠긴다

사람이라 했다

하늘을 우러러 뜻을 받들 줄 알아야 사람이라 했다
산을 보고 숲을 보고
풀벌레 소리까지 함께할 줄 알아야 사람이라 했다
빛 속에서 어둠을 보고
어둠 속에서 빛을 생각할 줄 알아야 사람이라 했다
너를 향해 눈물을 흘릴 줄 알고
나를 보며 괴로워할 줄 알아야 사람이라 했다

나는 사람인가
사람의 옷을 입은
그림자인가

4부

하늘에 손짓한다

사랑이란

그리움 하나 마음에 담아
눈이 멀고
귀가 닫히고
가슴은 돌처럼 굳어
볼 것만 바라보는 외눈박이가 되었다

이성理性은 어둠 속에 잠들고
성명性命은 혼란하여
정지된 영혼의 통증으로
죽는 날까지
인간도 동물도 아닌
슬픈 인형으로 포박되어 사는 게
사랑인 것을

내 자유는 지금
어디쯤 길을 헤매고 있을까

하늘에 손짓한다

내 마음 비밀스런
꿈의 풀밭에는
밤마다
별들이 내려와
고요 속에 숨죽인
나뭇가지를 흔들어
정백의 영혼으로
잃어버린 것들을 일깨워
생명의 꽃자리를 편다

이승과 저승의 균열,
그 틈새를 이어주는 상엿소리는
하늘 끝자락을 울리는 풍경소리로
적막을 걷어내고
슬픔이듯 분노이듯
방황의 상처는
출렁이는 여름 햇살 잔등을 타고
어깨를 들썩이며
헛것을 밟고 춤판을 돋구어

버렸던 얼굴까지 불러
감추었던 꿈을 풀어놓는다

그러다 먼동이 트면
별들은 어둠을 타고
하늘 깊은 곳으로 스며들고
넘어지면서도 눈을 감지 못한
발가벗은 한낮의 어지러움에
나는 행여 꿈 밭이 다칠까
고개를 숙이며 합장한다

그곳에 간다

존엄은 뜻없이 주어지는
천년의 종소리가 아니다
바라는 만큼
누구에게나 필요한 사람
시대를 가슴에 안고
스스로의 자유와 주장,
희망과 성취를 낮추어
눈물로 씻어낸 바람소리가 되어
음지를 벗어난 눈부신 햇살로
겨울을 뚫고 일어선 어기찬 생명에서
거대한 순리의 함성이 물결치는
환세의 능력 같은 절대를
가슴으로 껴안아
저절로 고개 숙여지는 게 존엄이다
나는 오늘 그곳*에 간다
가슴 없는 무리들이 저지른
광교狂狡의 칼날로
겨레의 목숨을 유린할 때
역사의 목청으로

더 큰 미래를 향해
가진 것 모두를 내놓은 별들이 있어
세월을 좁히고 시대를 뛰어넘어
다시는 눈 감고 어둠을 밟지 않도록
우리들 가슴에 깨어있는 혼으로 받들게
돌을 다듬고 핏줄을 돌게하여
영원의 길에 우뚝 서게끔
그 넋 우러러 그곳에 간다

*그곳은 영천을 말하며 30여 명의 한일독립지사 개개인을 추모하는 조형물을 민간운동으로 건립하여 현창하는 곳이다.

문이 닫혀 있다

언제나 문이 닫혀 있었다
머리말엔 세월이 눌러붙은
누우런 한적漢籍이 펼쳐져 있었고
텅빈 공간에는 시원의 적막 같은
외로운 숨결이 차갑게 일렁거렸다
한두 번 잔기침 소리가 들리면
우주 밖 거대한 문이 열리듯
방문이 열리고
하늘과 땅 바람과 생명이 밀려들어
방은 놀랍도록 허공을 깨뜨리며 뚱뚱해진다
순간 오래 참았던 눈물이 쏟아진다
내 속에 들어앉아 나를 지배한
헛것에 대한 분노였다
잠시 감춰진 나와의 대면으로
문이 닫히면
하늘과 생명이 품고 있었던 자유는
동행할 수 없는 적막 속에 또
침몰될 것을 알기 때문이다

아버지는 그대로 닫힌 방문 안
긴 적막에 갇혀 있었고
나는 아무 것도 보이지 않는 아득한 곳을 향해
가슴을 갈기갈기 찢어 허공에 내던지는
분노를 터트린다

어느 그림 앞에서

물고기가 사람을 물고 있다
머리부분을 삼킨 허연 이빨은
이미 가슴까지 악물었다
하늘은 여전히 맑게 트였고
숲은 바람결에 곱게 흔들리는
배경 풍경이다

태초의 생명은
하늘 속에 바람 속에
떨쳐낼 수 없는 한 몸으로
뼈마디를 이어
숨을 쉬었으며
어쩌다 뚫린 세월 구멍에는
바다가 들끓어
산을 들어올리고
숲은 가라앉아
어둠 속에 갇힌 화석이 된
아린 이야기로
비틀거리며 아픔을 말하였지만

깨어야 할 그 소리
영혼은 귀를 막고
사람과 짐승을 생명 밖 다른 그림으로
죽음의 추억을 되새김질하였으니
죄가 죄를 불러
사람 위에 나부끼는 은우隱憂의 깃발로 밀려오는 어린 발자국을 어이하랴

그림은 내 앞에 떨리는 걸음으로 차츰 가까워진다

큰길 어귀

길이 있어도 나설 수 없는
큰길 어귀
능금밭을 베고 누운 금호강 물결 위로
몸살하듯 떠내려 가는
하얀 꽃잎들
꽃잎이 떨어지면
그 자리에 열매가 맺고
열매가 익어 떨어지면
또 봄이 와 꽃이 피듯
떠내려 간 꽃잎들이
낡은 세월로 굼틀거리며
가슴으로 스며든다
어린 눈에 한 번도
웃는 모습을 본 일이 없는 어머니가
서녘 노을에 묻어 떠나시던
지친 영상이 걸어나오고
어둠 속에
제 살을 뜯었던 어린 누이의
속울음이 산사 종소리처럼

길게 여울진다
피난시절
한 치 앞도 내다볼 수 없었던
질퍽한 움막시절의 절망 같은
유년의 분노를 만지작거리며
용케 거슬러 온 큰길
그 앞에서 눈물이 굳어진 웃음을 웃어본다

꽃이 지는 뜰에서

봄 꽃이 만개하여 순간 뜨겁게 흔들리더니
미리 가는 길을 알고 있는 듯
일제히 가슴을 털고 있다
뿌리를 비틀어 온몸으로 짜낸 눈부신 완성
그 화려한 영혼이 벌거벗은 채
땅바닥에 나뒹구는 산화를 슬퍼하며, 나는
처마 낮은 죽담에 앉아
구겨진 허상을 찢지 못해
펑펑 눈물을 쏟던
그 날의 기억을 떠올린다

애벌레가 나비가 되려 꿈질대듯
황토길, 어지러운 돌부리에 넘어지며
느린 걸음 헛손질로
끝나지 않는 길을 더듬어도
삼백예순날 시간이 멈춘
가슴 한쪽 잿빛 곰팡이가
서늘한 그림자로 미리 피어 언제나
마지막 뜰에 기다리고 있었다

꽃이 다음 해를 기다리는 절명의 운명이라면
내일을 볼 수 없는 나의 운명 앞에
그날 같이 또 어둠과 손을 잡고
황량한 빈 뜰을 휘저어
어지러운 춤을 춘다

꽃이 피는 거리에서

말 못할 서러움이 나뭇가지를 흔들어
저렇듯 아프게 꽃을 피게 하였던가
강물 같은 눈물이 뿌리를 적셔
멀리서도 가슴 아린 향기를 뿜게 했던가

꽃을 피우는 아픔을 이제야 알 것 같다
인생은 정돈된 길이 없고
삶이란
환상처럼 아름다운 게 아니다
안개 속을 해쳐가듯 막연히 걸어가는 게
인생길이다

세상 살아가는 길이
초목이 꽃을 피우는 인내와 다르지 않으니
생명은 언제나 아픈 것이다

영랑 시인을 만나러 가다

영랑 시인을 만나러 이른 아침부터 서둘러 강진군 강진읍으로 갔다. 가는 길, 길목마다 누렇게 숨죽인 잎새들이 바람에 나부끼고 억새는 두 팔 흔들어 하얗게 웃고 있다.

'모란이 피기까지는 나는 아직 나의 봄을 기다리고 있을 테요.' '찬란한 슬픔의 봄을 기다리는' 시인의 심중 회포가 세월을 접어 웃고 있는지 모른다

나지막한 언덕을 의지하고 빽빽이 늘어선 대나무 숲을 배경으로 부스스하게 볏짚으로 눌러 앉힌 처마 낮은 집이 시인의 탄생처였다고 한다.

시인은 해가 뜨고 달이 기우는 47년 세월을 나라 잃은 설움에 분노하며 한편으론, 부서지는 노을빛 같은 언어를 모아 줄줄이 가슴을 파고드는 시정詩情을 폈으니 세월은 흘러가는 게 아니라 때에 따라 머물러 있는지도 모른다.

시인의 발걸음이 닿음직한 집안 구석구석을 오래도록 배회하며 속으로 그때의 그림을 그리노라니 어느 사이 가을 해가 반원으로 기울고 있었다. 돌아서는 뒤편에 여전히 나 같은 사람이 긴 그림자를 드리우며 시공을 뛰어넘듯 시인의 세계를 가슴에 담고 있다.

박인환 시인을 찾아

어지러운 역사의 길바닥에
온몸으로 울다 간
요절의 시인을 만나러 가다

한계령에 접어들면서
숲은 숲을 감추며 무척 깊다
숲은 계곡을 감추고
숲은 사람을 가리고 있었다
버지니아 울프의 생애도
목마를 탄 숙녀의 치맛자락도
먼 시대 밖으로 밀어내고
전쟁의 피비린내와
승자도 패자도 내몰린
쓸쓸한 묘지, 흔적 없는 그곳에
박인환朴寅煥 시인의 깨어진 술잔도
세월의 때를 머금고 잠들어 있다

그런데, 그런데 누가 깨운 별빛인지
숨을 거둔 그 전 모습으로

아직도 시어를 거미줄처럼 풀어내며
여름 숲도 덮을 수 없는 푸른 웃음으로
그는 활짝 웃고 있었다

그때 그 사람들

별들이 뚝뚝 떨어지는 밤
헤어진 멍석에 나란히 누워
허기진 배를 쓸어내리며
내 별이 아니면서도
내 별을 찾으며 눈시울을 붉히던
내 고단한 행방이
영혼의 무게가 풀어지듯
낡은 세월을 흔들어 깨우는 계절

손을 내밀어도 잡히지 않는
질문 없는 자유에 유폐되어
마른 풀포기처럼 숨을 멈추었고
햇살이 두터우면 또 눈을 떠
싸늘한 시간에 얹혀
머리 없는 육신을 풀어
미친듯 다른 풍경에 다가선다

그립구나 그때 그 모습
울타리 없이 손잡고 나처럼 마주했던

가난 속에 쓸려 간
명치 끝이 아파오는 그 마음을

나 이제 먼 길 떠나노라

검은 그림자가 우글거리는 B병원 12층
창밖 매운 바람은 일체를 거부하며
끊어질 울음으로 어둠 속에 드러눕고
빗장 풀린 이승의 난간,
유빙처럼 떠 있는 조각난 하늘 한쪽에 발을 딛고
다시는 흘러들 수 없는 숨결을 돌아본다

어느 누구의 손짓도 없이 가슴을 치며
눈 감고 걸어 온 희미한 발자국마다
발가벗은 잿빛 영혼이
남루한 껍질을 벗고 있다

하나 둘 그것들을 주어 모아
다시는 깨어나지 못할
가슴 깊은 곳에 묻으며
사람보다 높고
영혼보다 거룩한 세상 밖 세상으로
나 이제 먼 길을 떠나면

가서,
한 마리 새가 되어
고향 집 앞뜰
한껏 어깨를 넓힌 라이락 잎새 같은
푸른 날개를 퍼덕이며
새로 만난 생명들과 얘기를 나누리라
산다는 게 아파하고 쫓기는 일이었다고
그래도, 이승은 한 번쯤 살만한 곳이었다고

고산孤山 유적지에서
—보길도

「지국총 지국총 어사화」
낙엽 밟는 소리로
먼 그 날의 울림이 가슴을 흔드는
뜨거운 정원
세연정世然亭
언젠가 꿈속 노닐던 곳이었던가
조금도 낯설지 않다
고산이 밟아간 느린 발자국마다
늦가을 붉은 햇살이 내려앉아
지워지지 않은 생의 의미로 춤을 춘다
눈을 감아도 눈이 뜨여 있는 사람
기다리지 않아도 봄이 오는 것처럼
살며시 휘감기는 마음속 그 향기
바람은 그때 일을 알아
둔덕마다 흔들어 깨우니
풀잎마다 손을 흔들며
시간을 접어 푸른 하늘에 닿는다.

5부

꽃과 사람

꽃과 사람

꽃이 아름다운 건
향기 때문이 아니요
색깔이 화려해서도 아니다
아름다움을 아는 사람이 있기에
아름다운 것이다

그래서
사람은 아름다운 것이다

목련꽃

화투연花妬娟 찬 입김에
성급하게 나들이하였구나
보이고 들리는 세상
하 분분하여
언덕배기 정자나무
도시를 내려다보듯
경계 밖 한가로이
그림자로 쫓다가
하얀 웃음 그리움으로
짧은 흔적 남겨놓고
꿈속으로 잦아들어
유유자적하려는가

모란이 피었구나

앞집 담 넘어 수줍은 듯 얼굴 붉힌
모란이 피었구나

오랜 세월 가슴으로 잠재운
뜨거운 이야기를 기억하는지

잎새 넓은 백당나무 뒤에 숨어
은근히 넘겨보는 애잔한 모습
잃어버린 그때 그 모습이다

사랑이란 말뜻도 모르면서
헛것을 짚어가는 눈먼 사람처럼
가슴을 뜯어온 지고의 울음이
핏빛 꽃잎으로 나푼거리는 울림
오늘 밤엔 편지를 써야겠다
사랑했습니다
사랑합니다
긴 세월 하지 못한 그 말을 적으리라

찔레꽃

담벼락에 기대어
날마다 몸을 불리더니
하얀 꽃을 피웠구나

까칠한 풋보리가 목구멍을 훑던
고단한 계절
빈손을 휘저어 햇빛을 거두고
무심히 지나치는 바람 잡아 마시고
누구의 눈물인지 이슬을 받아먹으며
스스로 사랑하는 길을 열어
꽃을 피웠나니

향기는 하늘의 몫으로 허공에 흩어지고

그가 죽어 천상으로 가는 날
날마다 흘린 눈물
물결에 일렁이는 햇살처럼
흰 꽃잎만 외롭게 숨죽이니
누가 곱다고 하였으며

누가 향기롭다고 하였는가

스스로를 가둔 모진 생명
그 피를 걸러 처연히 눈을 뜬
운명의 칼 끝
가엾은 미소가 세상을 마주하며
가슴을 훑고 있다

하이얀 민들레 꽃

어느 바람 부는 날

신의 옷자락에서 털린 고독한 인자가 차갑게 허공을 떠돌다 시멘트 길바닥 작은 틈을 비집고 한 송이 하이얀 꽃으로 피어 하늘의 핏줄을 이었다

옛날 어머니 가슴에 몰래 감추고 살았던 웃음이 살아서 풀지 못한 속울음으로 트인 것인지 모른다

남의 집 곁방살이를 하면서 열 명이 넘는 식구를 보살피며 날마다 쌓이는 부족함을 피가 마르도록 마음 긁어 바치다가 어느 늦은 가을날 아무도 모르게 집 뒤 탱자나무 울타리 넘어 찬바람에 꺾이는 생명의 슬픔을 바라보다 한바탕 목 놓아 울고는 슬그머니 안방 아랫목을 찾아 목숨을 내려놓은 생애. 서른일곱 세월을 마지막으로 어둠 속에 묻었다가 홀연히 검은 옷자락을 털고 생시의 운명처럼 차가운 돌 틈에 한 송이 꽃으로 환생한 것이었나, 하이얀 민들레꽃이여.

봉선화

붉은 꿈 가난한 벽 속에 갇히고
기다림은 어디론가 멀리 날아간다
누이는 혼자
텃밭 가장자리에 앉아
잃어버린 숨길을 틔우듯
꽃잎을 짓이겨 손톱에 물들이던
길바닥 서러운 생명의 손짓
붉은 그 마음 하늘에 닿지 않아
끝내 숨을 거둔
지난 해 그 자리
핏빛 눈물을 머금고
꽃은 또 피었구나

메밀꽃

말라붙은 비탈 다랑논
아버지의 땀방울이
햇볕에 익어
하-얀 소금꽃으로
가을을 긁는다

긴 겨울
까칠한 열매를 으깨어
허기를 채워야 했던
고단한 목숨
상여 끝에 매달린
근심 어린 바람꽃이런가

찬바람에 핀 장미

아파트 철책 그물에
파리한 장미 몇 송이 점점히 걸려있다

머리채를 잡아끌 듯
바람은 뿌리까지 흔들며 거칠게 몰아치고

마지막 꽃송이를 놓지 않으려
가지는 애처롭게 철책에 매달린다

햇볕 두터운 여름
생명마다 힘이 넘쳐
행복을 찬미한 그때를 뒤로 하고
사그라지는 계절 끝자락에
여윈 모습으로 무엇을 갈망하는가

그래, 기다리다 눈이 감겨
한 점 흙이 되어도
붉은 그리움은 어쩔 수 없어
늦은 계절을 울고 있는가

박달 꽃

긴 밤 달빛은
나뭇가지에 매달려
잎새들은 파랗게 부풀고

바람은 쉼 없이
금호 맑은 물을 밟아
뿌리를 흔드니

마디마디 얼굴 내민
천상의 웃음
미혼未魂의 아름다움이여

미선나무 꽃

지난 밤
무수한 별빛이
풀벌레 소리 따라
가을 속으로
쏟아지더니
아침에 눈을 뜨니
어린 가지마다
뜨거운 가슴을 풀어
촘촘하게 총상總狀으로 앉아
수줍게 웃고 있구나

뽕나무

읍내 가는 지름길
언덕바지 홀로 선 뽕나무가
먼 하늘을 손짓하며
보이지 않는 얼굴과 사랑을 하는가 보다

잎이 요긴한 사람에겐
잎을 내어주고
오디가 먹고 싶은 사람에겐 남김없이 따가게 하고
작은 곁가지까지 꺾어가도
눈물 한 방울 흘리지 않았으니
가슴 어디쯤 상처 딱지로 눌러 붙은 사랑했던 마음도
한갓 꽃잎이었던가.

허수아비 빈 가슴
하늘과 강산, 나무와 산새
눈길 마주치는 모든 것
먼발치로 기억하며
이승에서 쓴 묵시默示의 편지련가

산수유 꽃

차가운 계절
모질게 몸살하며
물집처럼 부풀어진
껍질을 뜯어내고
인고의 적막
노오란 꽃잎으로 얼굴 내민
섬진강 연안마을 풍경

꽃송이마다
하늘로 이어진
봄 햇살이 내려앉고
남녘 바람을 불러 모은
거룩한 몸짓은
숨죽여 꽃만 피운 게 아니라
깊은 곳 어딘가
우주를 감추고 있었나보다

석산화石蒜花

바람의 손짓으로
하늘의 눈치로
벗은 몸이 되어
인간이 저지른 음모에
아무 부끄럼 없이
붉은 피 쏟아
아름다운 꽃을 피우고도
씨앗 하나 품지 못한 채
짧은 세상 조우하고
초연히 몸을 내려놓은
무아無我의 눈물이여

제비꽃

5월
가난한 햇살이 쏟아지는
들길 두렁에
어머니의 아픈 숨소리가
보라빛 꽃으로 피어
어린 누이들이 둘러앉아
잃어버린 세월을 곱씹듯
또 다른
꽃씨를 묻고 있다

따뜻한 눈길 한번 받지 못한 채
늘 삭막한 뒷길
눈물로 씻지 못할 응어리가
꽃으로 눈이 트였는가 했더니
그게 아니라
무심히 주저앉은 세월이었던 것을

달맞이꽃

죽음의 그림자가 투영된
떠난 시간의 울림인가

한세상 건너면서
차마 얼굴 펼 수 없어

빈 하늘 달빛 번질 때
거울 보듯 마주보며
혼자 웃는 슬픔이여